ARTA ,

TRAGÉDIE;

par M. LE MIERRE.

Repréfentée par les Comédiens François le
20 Août 1766, & remife au Théâtre
le 17 Décembre 1767.

A PARIS,

Chez VALAT-LA-CHAPELLE, Libraire,
au grand Efcalier de la Sainte-Chapelle.

M. DCC. LXVIII.

CETTE Tragédie n'a de commun avec celle du célèbre Metaſtaſe, que le ſujet & la cataſtrophe; je ne ferai point de réflexions ſur le nouvel Artaxerce: j'ai toujours tâché de fondre mes Préfaces dans mes Piéces, d'ajoûter dans la bouche de mes Perſonnages ce qui pouvoit ſatisfaire aux objeċtions, & de profiter ainſi des critiques au lieu d'y répondre.

PERSONNAGES.

ARTAXERCE, *nouveau Roi de Perse.*

EMIRENE, *sœur d'Artaxerce.*

ARTABAN, *Gouverneur d'Artaxerce &*
Ministre.

ARBACE, *fils d'Artaban.*

ELISE, *Confidente d'Emirene.*

MEGABISE, *Confident d'Artaban.*

SATRAPES.

GARDES.

La Scene est à Suze.

ARTAXERCE,

TRAGÉDIE.

ACTE PREMIER.

SCENE PREMIÈRE.

(La Scene commence vers la fin de la nuit. Artaban tient une épée
ensanglantée.)

ARTABAN, ARBACE.

ARBACE.

L ES mains teintes de sang ! ô Dieux ! D'où sortez-vous ?

ARTABAN.

Toi dans Suz :

ARBACE.

Ah ! mon Pere !....

A

ARTABAN.

Eloigne-toi.

ARBACE.

Quels coups

Avez-vous donc portés ?

ARTABAN.

Mon Fils, pars, je l'exige ;

Oui, pars pour ton exil.

ARBACE.

Mais, Seigneur....

ARTABAN.

Fuis, te dis-je.

Bientôt tu sçauras tout ; ne m'interroge pas,
Et seulement au loin précipite tes pas.

ARBACE.

Je ne vous quitte point dans ces momens funestes.

ARTABAN.

Il le faut, hâte-toi ; tu me perds si tu restes.

ARBACE.

Donnez donc cette épée. Où suis-je ? O jour d'effroi !...
Emirene !.. Ah ! quel trouble emporté-je avec moi !

SCENE II.

ARTABAN *seul.*

IMPERIEUX Xercès, enfin ma main hardie
A mon ambition vient d'immoler ta vie.
L'audace, le hazard, le sommeil & la nuit,
Tout a servi mes coups. Mais j'entens quelque bruit,
Qui porte ici ses pas ? Est-ce toi, Mégabise ?

SCENE III.

ARTABAN, MEGABISE.

MÉGABISE.

JE viens vous retrouver, Seigneur. Avec surprise
En passant vers ces lieux mes yeux ont rencontré
Votre fils plein de trouble, errant, désespéré.
Eh ! comment, exilé par Xercès, par vous-même,
S'arrêtoit-il dans Suze ? En quel péril extrême
Sa présence en ces lieux...,

A 2

ARTABAN.

                       Étonné comme toi,
J'ai hâté son départ. Mais toi, parle, dis-moi,
Sçait-on l'événement ? . . . .

MÉGABISE.

                On ne sçait rien encore:
Mais sitôt que le Dieu qu'en Perse l'on adore,
Va de ses premiers feux éclairer ce Palais,
J'annonce avec terreur le destin de Xercès.

ARTABAN.

Je lui devois la mort : j'ai satisfait ma haine.
C'étoit trop supporter sa puissance hautaine,
C'étoit trop dévorer mes desirs inquiets.
Ses fils restent encor; mais j'ai d'autres projets.
Tu sçais si Darius est jaloux d'Artaxerce,
Si, le voyant monter au Trône de la Perse,
Ce jeune ambitieux devenu son sujet,
Contre un frere odieux va s'armer en secret;
L'ambition de l'un, de l'autre les ombrages,
Ami, vont me servir à former les orages.
Je vais, en aigrissant les levains dangereux
Des haines qu'avec art j'ai sçu nourrir entre eux,

Sur le meurtre du Roi trompant la Perfe entiere ;
Tourner fur Darius les foupçons de fon frere,
Détruire l'un par l'autre , & par ces coups hardis
Accomplir mes deffeins & couronner mon Fils.

MÉGABISE.

Lui , Seigneur ! votre fils ! . . . .

ARTABAN.

        Un tel projet t'étonne :
Rarement pour un autre on envahit un Trône :
Mais fous le nom d'un fils je donnerai la loi ;
Le rang fera pour lui , la puiffance pour moi.
J'affûre ainfi bien mieux cet Empire à ma race,
Qu'en etant Roi moi-même , en expofant Arbace,
Que fçais-je ? à des hazards , à des revers nouveaux
Qui pourroient après moi renverfer mes travaux.
Lorfqu'une fois du Trône une race eft chaffée,
La révolution n'eft jamais bien fixée
Que fous un Prince jeune , & qui pour tous les tems
Semble ôter aux efprits l'efpoir des changemens.
Ainfi, portant mon fils à la grandeur fuprême,
L'affurant à mon fang, en jouiffant moi-même,
Ami , j'accorde tout ; & dans ma paffion,

              A 3

Mon cœur sert la nature & sert l'ambition.

Xercès dans son orgueil dédaignant ma famille,

Osoit punir mon fils d'aspirer à sa fille,

Sans songer que les Rois par de pareils liens

S'attachent dans les Grands leurs plus fermes soutiens,

Et que nous valons bien pour leur haute fortune,

L'alliance des Cours, si souvent importune.

Tant d'orgueil m'indigna ; mais mon cœur offensé

Sçut renfermer le trait dont il étoit blessé.

Persécuteur d'Arbace autant que le Roi même,

Je pressai le premier l'exil d'un fils que j'aime :

Mais si je secondai la rigueur de Xercès,

Ce fut pour avancer l'effet de mes projets,

L'instant où de sa main couronnant sa maîtresse

Mon Fils tiendra de moi le Sceptre & la Princesse.

MÉGABISE.

Pourquoi donc l'éloigner, ce Fils que vous servez,

Seigneur, ce fils heureux à qui vous reservez

De si brillans destins. . . .

ARTABAN.

Je sais quel est Arbace.

Je n'aurois jamais pû dans ma superbe audace,

Plier à mon projet dès long-tems concerté,
De son âpre vertu l'inflexibilité.

Je l'écarte aujourd'hui, de crainte, Mégabise,
Qu'il n'osât en secret troubler mon entreprise :
Mais lorsque mes efforts auront tout achevé,
Arbace se voyant à l'Empire élevé,
Ne se reprochant rien dans sa grandeur suprème,
Et couronnant enfin la Princesse qu'il aime,
Au comble de ses vœux bénira son destin.

Tout concourt au succès de mon vaste dessein,
Mon crédit dans l'Etat ; ce que mes mains propices,
Dans la paix, dans la guerre, ont rendu de services;
Le soldat qui par tout n'obéit qu'à mes loix ;
Les premiers de l'Etat dont j'ai gagné les voix.

Je fais plus, Mégabise, & du sang que je verse
Je cimente à jamais le trône de la Perse.

Dès longtems, tu le vois, l'Empire de Cyrus,
Privé de sa splendeur ne se ressembloit plus ;
De ce peuple avili je voyois la foiblesse
Prête à baisser le front sous le joug de la Grece,
Et devant Salamine il sembloit qu'abattu
Le Perse avec sa flotte eût laissé sa vertu.

Autre Maître, autres jours. Un plus heureux génie

Efface nos malheurs & notre ignominie,
Et ma premiere excuse, en ce grand attentat,
Est d'avoir prévenu la chûte de l'État.
Mais sur ces lieux, ami, déja le jour se montre,
Va, cours vers Artaxerce avant qu'il nous rencontre;
Et par le voile adroit d'une feinte terreur,
Epaissis sur ses yeux la nuit de son erreur.
De sa crédulité tout me répond d'avance,
Mon ascendant sur lui, son inexpérience,
Et ce respect de fils que garde encor longtems
Un cœur dont on forma les premiers sentimens.
Va, sois sûr qu'avec moi la fortune t'appelle;
Qu'au-delà de tes vœux je vais payer ton zèle.

MÉGABISE,

Je vous dois déja tout; vous connoîtrez ma foi,
Seigneur.

ARTABAN.

J'entens le Prince, il entre; laisse-moi.
(à part.)
Je sçaurai lui parler sans que je me trahisse,
Ou par trop d'embarras, ou par trop d'artifice.

SCENE IV.

ARTAXERCE, ARTABAN, un OFFICIER.

ARTAXERCE, *éperdu.*

O crime ! ô trahison !

ARTABAN.

Seigneur, où courez-vous ?

ARTAXERCE.

Sçavez-vous, Artaban, sçavez-vous sous quels coups
Xercès ? .....

ARTABAN.

Eh bien, Seigneur ?

ARTAXERCE.

Un monstre sanguinaire ;
Un barbare ! .....

ARTABAN.

Achevez.

ARTAXERCE.

On a tué mon pere,
De trois coups de poignard j'ai vu son sein percé.

ARTABAN.

Eh ! qui foupçonne-t'on ? qui peut avoir verfé ?....:

ARTAXERCE.

Mon pere n'étoit plus, je n'ai pu rien connoître.
Mes ordres font donnés, je fais chercher le traître.
Je vais , j'erre , je cours , ces momens font affreux ,...
Ah ! Xercès voi : aimoit : dans mon fort malheureux
Je réclame , Artaban , vos foins , votre prudence. ...
Qui foupçonner , ô Dieux ? où porter ma vengeance ?

ARTABAN.

Aveugle ambition , mere des attentats ,
Quels noms refpectes-tu ? quels freins ne romps-tu pas ?

ARTAXERCE.

Comment ? vous luiroit-il quelque clarté foudaine ?

ARTABAN.

Mon efprit au foupçon ne s'ouvre qu'avec peine ,
D'un femblable forfait plus je cherche l'auteur ,
Plus je crains d'irriter votre vive douleur.

ARTAXERCE.

Parlez , expliquez-vous , ce difcours la redouble ,
Dans mon malheur au moins délivrez-moi du trouble.

ARTABAN.

Hé Seigneur, qui peut-on juſtement ſoupçonner,
Quel autre à ce grand crime a pu s'abandonner,
Que celui qui pouvoit avec quelqu'avantage
Vous diſputer du Roi le brillant héritage ?

ARTAXERCE.

Je n'oſe interpreter ce langage cruel ,
Quoi ! vous ſoupçonneriez. . . . . .

ARTABAN.

     Darius.

ARTABAN.

        Juſte ciel !

Lui ! mon frere !

ARTABAN.

    Le ſang n'a point de privilege ,
Dénaturé , perfide , aſſaſſin , ſacrilege ,
Quand l'ambition parle , on devient tout.

ARTAXERCE.

        Ah ! Dieux !

ARTABAN.

Je verſe le poiſon ſur vos jours malheureux ,
Je le nomme à regret , mais je connois ſon ame ,

Oui , Seigneur, dès long-tems l'ambition l'enflâme ;
J'avois sçu pénétrer ses sentimens cachés ,
J'avois surpris ses yeux sur le Trône attachés ,
Et ce Prince inhumain , du rang suprême avide
Étoit au fond du cœur dès longtems parricide ,
Tel fut, n'en doutez point, dans ce frere inquiet ,
De sa haine pour vous le principe secret.

A R T A X E R C E.

Quoi ! je pourrois penser ? . . . Il auroit ! . . . sur un pere ?
Non, je ne le crois pas; c'est outrager mon frere.
Je sçais que dans son Pere il haïssoit son Roi ;
Mais le chemin doit être encor long , croyez-moi ,
De la haine à la rage , & de l'injure au crime :
Plein d'une inimitié , peut-être légitime ,
Mon cœur désespéré dans ces cruels momens ,
Ne prend point ses soupçons dans ses ressentimens.
Qui soupçonne aisément , s'expose aux injustices.
Pour accuser un frere il faut d'autres indices ;
Et je rougirois trop aux yeux de tout l'Etat ,
Si j'avois au hasard fait cet indigne éclat.

A R T A B A N.

Hé bien ! craignez , Seigneur , de lui faire un outrage :

Mais ce frere ennemi qu'Artaxerce ménage,
Peut-être n'aura pas pour vous le même égard.
Vous me croirez un jour, mais peut-être trop tard.
Ah ! Seigneur, ah ! plutôt craignez sa jalousie,
Craignez l'ambition dont son ame est saisie.
Si d'un pareil forfait il a souillé ses mains,
Qui respectera-t-il pour remplir ses desseins ?

ARTAXERCE.

Je ne puis, Artaban, trop promt dans ma vengeance ;
Me livrer contre un frere à tant de défiance ;
Sur vos soupçons, enfin, quoiqu'il puisse arriver,
Mes soins vont se borner à le faire observer :
Cependant dès ce jour je romps l'exil d'Arbace ;
Ce jour verra du moins la fin de sa disgrace,

Aux Gardes.
Oui, qu'on rappelle Arbace, & qu'il vienne en ces lieux;

ARTABAN.

Ah ! Prince !.....

ARTAXERCE.

Hâtez-vous.

ARTABAN *à part.*

Qu'ordonne-t'il, ô Dieux !

ARTAXERCE.

Sans sortir du respect pour les mânes d'un pere ;
Mon cœur peut révoquer une loi trop sévere ;
Arbace m'est trop cher, ses services, sa foi.....

SCENE V.

EMIRENE, ARTAXERCE, ARTABAN, ELISE.

EMIRENE.

Hélas ! dans ces momens tout me remplit d'effroi ;
Mon frere ; des grands coups portés par un barbare,
De nos malheurs déja la suite se déclare.
Je ne sçais quel parti, quels secrets intérêts,
Divisent les esprits & troublent le Palais.

ARTABAN.

Vous le voyez, Seigneur ; & de si promptes brigues...

ARTAXERCE.

Allons les prévenir.

EMIRENE.

Quelles sont ces intrigues,

Seigneur ? qu'avez-vous fçu ? quel indice eft donné ?

ARTAXERCE.

De ce noir attentat mon frere eft foupçonné.

EMIRENE.

Eft-ce vous, Artaban, qui l'accufez ?

ARTABAN.

Madame,

Le tems dévoilera cette funefte trame :
C'eft un coup inoui, c'eft un crime que doit
Expier de fon fang l'affaffin, quel qu'il foit.

ARTAXERCE.

Non : la nature encor prend en moi fa défenfe.
Je vais de ma douleur, je vais de ma préfence
Sur lui, de ce pas même, obferver les effets :
Mais contre mon efpoir, s'il avoit pû jamais.....
Je frémis d'y penfer. Je dois tout à mon pere,
Il faut qu'il foit vengé : quelque jour qui m'éclaire,
Des mânes paternels je n'entens que la voix,
Et livre un patricide à la rigueur des loix.

SCENE VI.
EMIRENE, ELISE.

EMIRENE.

ELISE, qu'ai-je appris ! & quel foupçon finiſtre !
On accuſe mon frere ! un ſuperbe Miniſtre,
Dans ſon ambition emploie inſolemment
A diviſer les miens cet horrible moment.
Sans doute il a nourri ces haines inteſtines,
Qui déja dans leurs cœurs n'ont que trop de racines ;
Et l'État aujourd'hui ſous mes yeux effrayés,
Va s'embraſer du choc de leurs inimitiés.

ELISE.

Eh ! qu'eſpére Artaban d'un ſoupçon téméraire?

EMIRENE.

Abuſer de ſes droits ſur l'eſprit de mon frere,
Le gouverner enfin, regner dès aujourd'hui :
Ah ! mon ſort fut toujours infortuné par lui.

ELISE.

Arbace eſt rappellé.

EMIRENE.

EMIRENE.

Lui ?

ELISE.

Peut-être, Madame ;

Son retour calmera les troubles de votre ame.

EMIRENE.

O ciel ! dans quels inſtans revient-il en ces lieux ;
Lorſqu'Emirene , hélas ! doit éviter ſes yeux,
A mes nouveaux malheurs quand je dois être entiere ?
Ah ! j'eſpérois qu'un jour je fléchirois mon pere :
Mais peut-être , étant mort dans ces momens affreux ;
Sans révoquer l'arrêt qui condamnoit mes vœux ,
Loin de me dégager de mon obéiſſance ,
Sa cendre doit pour moi conſacrer ſa défenſe ;
Peut-être du tombeau plus que jamais mon Roi ,
Il parle avec empire & m'enchaîne à ſa loi.

ELISE.

Madame , votre eſprit ſans doute s'exagere
Des maux......

EMIRENE.

Ah ! j'ai cent fois murmuré contre un pere ;

B

Je ne connoissois pas, excitant son courroux,
Tout ce que la nature a d'empire sur nous.
Il est des tems, Elise, où sa voix nous rappelle ;
Où tous les sentimens sont suspendus par elle,
Où le cœur reconnoît, tout-à-coup éclairé,
Que de tous nos liens c'est-là le plus sacré.

SCENE VII.

ARTAXERCE, EMIRENE, ELISE.

ARTAXERCE.

Ma sœur, à mes chagrins chaque moment ajoute ;
Darius m'évitoit, & me trahit sans doute :
Mes yeux l'ont vu pensif, inquiet, incertain ;
Son esprit agité rouloit un grand dessein,
A peine il déguisoit toute sa violence.
Après quelques momens d'un farouche silence ;
Il a donné soudain quelques ordres secrets,
Et détourné ses pas pour sortir du Palais.
Je ne l'accuse point d'un forfait exécrable,
Même à l'en soupçonner je me croirois coupable :

Mais d'une ambition , dont je ne puis douter ;
Peut-être en ces momens j'ai tout à redouter ;
Et je crains bien qu'ici son audace nouvelle
Ne me force en mon frere à punir un rebelle.

EMIRENE.

Je vois trop les horreurs qui vont suivre ce jour ,
Je ne puis plus rester dans cet affreux séjour.
Non , je ne verrai point le crime qu'il projette,
Tout m'écarte de Suze ; assurez ma retraite,
Laissez-moi fuir l'aspect d'un Trône ensanglanté ;
Qui par le sang encor doit être cimenté ,
Où d'un meurtre inoui recherchant les complices ;
Vous allez vous asseoir entouré de supplices;
La Perse a des déserts , l'Asie a des rochers ;
Loin du spectacle affreux des fers & des buchers ;
J'irai pleurer en paix & la mort de mon pere ,
Et l'exil d'un héros , & les complots d'un frere.

ARTAXERCE.

Vous me fuir ! vous , ma sœur , de ma Cour vous bannir ?
L'un à l'autre plus chers songeons à nous unir ;
Quittez une pensée à tous deux trop funeste.
Darius me trahit ; mais Arbace me reste.

B 2

Dans le rang où je monte encor mal affermi ,
Parmi tant de malheurs , j'ai befoin d'un ami :
Si Darius n'eft plus qu'un fujet téméraire ,
Je veux que pour jamais mon ami foit mon frere.

Fin du premier Acte.

ACTE II.

SCENE PREMIERE.

ARTABAN, MEGABISE.

MÉGABISE.

QUOI! dans votre entreprise un progrès si rapide ?
Seigneur, le sort pour vous jusques-là se décide.

ARTABAN.

Par l'ordre de son frere on couroit l'arrêter ;
Les siens au même instant, prompts à se révolter ;
A pas précipités volent à sa défense.
Il résiste à la Garde, & par sa résistance,
Lorsque l'on ne vouloit qu'écarter les mutins ;
Il rencontre le fer qui tranche ses destins.
Ainsi, ce qu'on a vu, donne à ce qu'on ignore
Plus de poids désormais & d'apparence encore ;
Et sa défense, ami, sur un crime secret

B 3

Ne peut plus être entière, & trahir mon projet.

J'étois bien assuré qu'inspirant à son frere

Un acte de rigueur devenu néceffaire,

Je verrois auffitôt Darius irrité

Se livrer aux excès de la témérité.

Va, porte à nos amis cette grande nouvelle:

Qu'elle excite au succès leur courage & leur zele.

(*seul.*)

Et toi, dont mon génie éprouve le secours,

Fortune, épargne-moi tes perfides retours.

SCENE II.

ARTABAN, ARTAXERCE.

ARTAXERCE.

Qu'ai-je fait, Artaban, par mon ordre barbare?....

ARTABAN.

Que dites-vous, Seigneur? quel remord vous égare!

ARTAXERCE.

Hélas! c'étoit mon frere; & son crime eft douteux.

ARTABAN.

Sa révolte étoit fûre & fes jours dangereux;

Sa défense obftinée autant qu'illégitime,
Elle-même, Seigneur, eft l'indice du crime.
Eh ! pourquoi méprifant vos ordres fouverains,
Darius a-t'il craint de fe mettre en vos mains ?
Quand votre défiance auroit été trop prompte,
De fa conduite enfin ne devoit-il pas compte ?

'ARTAXERCE.

Il fut ambitieux, fes complots m'auroient nui :
Mais enfin par le fort fi j'eus des droits fur lui,
Si j'eus, de plus que lui la grandeur fouveraine,
C'étoit à moi peut-être à maîtrifer la haîne ;
Plus il me haïffoit, plus mon jufte courroux
Me dut être un motif pour mefurer mes coups.
Quelque fût fon deffein, de quoi qu'il fût coupable ;
De fon fang à l'Etat étois-je moins comptable ?
La loi dut le punir. Comment juftifier
Tout autre châtiment aux yeux du monde entier ?

ARTABAN.

La loi, Prince ! & c'eft lui qui fe montrant rébelle ;
Lui-même a refufé d'être jugé par elle.

Ses efforts imprudens précipitent sa mort,
Loin de vous reprocher ton déplorable sort,
Rendez graces aux Dieux, qui par ce coup propice,
Vous épargnent l'horreur d'ordonner son supplice.

SCENE III.

ARTAXERCE, ARTABAN, EMIRENE, ELISE.

EMIRENE, *arrivant avec précipitation.*

AH! Seigneur, quelle erreur vous rendoit inhumain!
Darius de Xercès n'étoit point l'assassin;
On vient de l'arrêter.

ARTAXERCE.

Eh! quel est le perfide?

EMIRENE.

J'ignore encor, Seigneur, le nom du parricide:
Mais le reste est connu, le barbare a jetté
Loin de lui, dans sa fuite, un fer ensan'anté;

Et cette même épée encor fanglante & nue ,
Pour celle de Xercès vient d'être reconnue.

ARTABAN, *à part.*

Qu'entens-je ! quel revers !

EMIRENE.

Dans fon faififfement ,
Pâle , interdit , fans voix , prefque fans mouvement ,
Ne fachant où cacher le plus affreux des crimes ,
Il reftoit arrêté comme entre deux abîmes ,
Tant la terreur fur lui tombant du haut des cieux
Manifeftoit déja les vengeances des Dieux.

ARTAXERCE, *aux Gardes.*

Allez, que devant moi l'on amene le traître.
Quels horribles complots, ô ciel ! je vais connoître !...
Eh ! mon frere a péri.

ARTABAN.

Seigneur que dites vous ?
Déja dans votre efprit qui peut l'avoir abfous ?
Hé , Prince ! favez-vous fi d'un barbare frere ,
Celui qu'on a faifi n'étoit pas l'émiffaire ?

Dans ce grand répentir, avant de vous plonger ;
Commencez par le voir & par l'interroger ;
Suspendez vos remords ; vous les perdrez peut-être.

ARTAXERCE.

Juste ciel ! que d'horreurs ! & qu'il tarde à paroître !

SCENE IV.

ARTAXERCE, ARTABAN, EMIRENE, ELISE, un OFFICIER, [un SOLDAT, *qui tient l'épée du Roi assassiné.*

UN OFFICIER.

On amene, Seigneur, l'assassin à vos yeux.

EMIRENE.

(Tombant dans les bras d'Elise.)
Traître !...... Arbace !...... Je meurs.

On entraîne Emirene.

S C E N E V.

ARTAXERCE, ARTABAN, ARBACE.

ARBACE.

E<small>MIRENE</small>!

ARTAXERCE.

Grands Dieux !

ARTABAN.

Mon Fils !

ARTAXERCE.

Ah ! quel objet ! quelle horreur m'environne !
Plus que le crime encor, le coupable m'étonne.

ARTABAN.

Seigneur, son attentat a décidé mon sort.

ARBACE.

Ciel ! où m'as-tu réduit !

ARTABAN.

Vous me devez la mort ;
C'est à moi d'expier sa fureur & son crime ;
Frappez , & que je sois la premiere victime.

ARTAXERCE.

Meurtrier de ton Roi , viens , approche , inhumain ,
Réponds-moi : quelle rage avoit armé ta main ?
Parle. Je crois encor qu'un vain songe m'abuse.

ARBACE.

Mon pere ! … outragez-moi , Prince , ici tout m'accuse.
Dans cet étrange état , dans ce péril pressant ,
Je n'ai qu'un mot à dire : Arbace est innocent.

ARTAXERCE.

Toi malheureux ! Hé quoi, contre un ordre suprême ;
N'étois-tu pas dans Suze & dans ce Palais même ?
Dis-moi , quoiqu'exilé, ne t'y cachois-tu pas ?
Ne t'a-t'on pas surpris précipitant tes pas ?

ARBACE.

e fuyois, il est vrai.

ARTAXERCE.

Tu tenois cette épée,
Celle de Xercès même, & dans son sang trempée,
Dans ta fuite apperçu, tu l'as jettée au loin ;
Vous, Soldat, approchés : démens-tu ce témoin ?
Ce fer fut dans ta main : démens-tu cet indice ?

ARBACE.

Je n'en puis dire plus, & c'est là mon supplice.

ARTAXERCE.

Tu ne le peux, sans doute, & ton crime est prouvé.
Mon pere t'exiloit, tu te voyois privé
D'un Hymen désormais horrible à ma pensée.
Hélas ! où m'emportoit ma tendresse insensée ?
Barbare ! en mes malheurs je te fais rappeller ;
Je cherche un cœur de plus qui vint me consoler ;
Je m'abandonne entier à l'espoir qui m'anime,
Je vole dans ton sein, & j'y trouve le crime !

ARBACE.

Qui ? moi ! dans votre sang j'aurois trempé ma main ;

Je me serois surpris même en ce noir dessein !
Ma vertu jusques-là se seroit démentie !
Moi, Seigneur, qui pour vous aurois donné ma vie ;
Moi que pour prix d'un zèle à vos jours consacré,
Du nom de votre ami vous aviez honoré ;
Voilà dans les horreurs de mon destin funeste,
Et le cœur qui m'accuse & l'appui qui me reste.

ARTABAN.

Eh ! le Prince peut-il ne te pas soupçonner
Lorsque tout à ses yeux sert à te condamner ?
Crois-tu par tes discours balancer l'apparence ?

ARBACE.

Et vous aussi, grands Dieux ! ah ! toute ma constance
Céde à ce dernier trait.

ARTABAN *à Artaxerce.*

        Prononcez notre arrêt ;
Seigneur. S'il est coupable autant qu'il le paroît,
Ne considérez plus mon sang dans un perfide :
La nature outragée est ici votre guide,
C'est elle seulement qu'il vous faut consulter ;
Vous l'allez satisfaire & je vais la dompter.

ARTAXERCE, *aux Gardes.*

Qu'on l'éloigne.

ARTABAN.

Malgré le crime de ma race

Oferai-je, Seigneur, efpérer une grace ?

Souffrez que de fon cœur je fonde les replis :

Dans le funefte état où le deftin m'a mis,

C'eft mon devoir. Souffrez . . . . .

ARTAXERCE.

Ah ! le cruel déchire

Ce cœur infortuné qu'il trompa, qui défire

Peut-être autant que vous, mais hélas ! fans efpoir ;

Qu'il ne foit point fouillé d'un attentat fi noir.

Hé, que vous dira-t'il après fa réfiftance ?

Vous voyez devant moi qu'il s'obftine au filence,

Que ce myftere encore augmentant mes foupçons,

Sert fans doute de voile à d'autres trahifons.

ARTABAN.

Dans la confufion où fon crime le jette,

La contrainte l'arrête & fa bouche eft muette,

Devant moins de regards peut-être en liberté ,
Il laissera , Seigneur , parler la vérité.

ARTAXERCE

Écoutez , Artaban. L'équité qui m'anime ,
Ne peut confondre ici votre zèle & son crime ;
Vous voyez les combats dont je suis agité ,
Et de son attentat quelle est l'énormité :
Servez-vous du pouvoir , de l'ascendant d'un pere
Pour éclaircir enfin cet horrible mystere ,
Entendez sa défense , arrachez son aveu ,
                              (*Aux Gardes.*)
Je vous laisse avec lui. . . . . . . Vous , veillez en ce lieu.

SCENE VI.

SCENE VI.

ARTABAN, ARBACE.

ARBACE, *avec impétuosité.*

Ah ! je respire enfin dans ma fureur extrême,
Je puis, barbare.....

ARTABAN.

Écoute.

ARBACE.

Écoutez-moi vous-même ;
J'ai droit de l'exiger : assez je me suis tu,
Assez j'ai pu laisser outrager ma vertu.
J'ai gardé le silence en ce comble d'injure,
J'ai payé plus qu'un fils ne doit à la nature :
Arbace maintenant vous doit la vérité.
Qu'avez-vous fait, cruel ! quel abus détesté
De l'immense pouvoir que votre rang vous donne !
Le second de l'État, vous n'approchez du Trône
Que pour atteindre au cœur que vous avez percé ;

C

Au cœur de votre maître à vos pieds renverſe !

C'eſt peu : quand votre fils que la nature anime ;

Vous arrache le fer, cet indice du crime ;

Quand je frémis pour vous, quand je prends malgré moi ;

Barbare, cette part au meurtre de mon Roi,

Accuſé devant vous de ce grand parricide,

Vous pouvez abuſer de mon reſpect timide

Pour me calomnier, pour noircir votre fils

Du ſoupçon d'un forfait que vous avez commis !

Je ferai cru l'auteur d'un crime abominable ;

Ou ſi tout eſt connu, je ſuis fils d'un coupable ;

Dans la publique horreur avec vous confondu ;

Et de tous les côtés mon honneur eſt perdu.

ARTABAN.

Ingrat ! eh, c'eſt pour toi que j'ai commis ce crime.

ARBACE.

Pour moi !

ARTABAN.

Pour t'agrandir je crus tout légitime.

Te jettant dans les fers le deſtin m'a trompé :

Mais de maux ſans reſſource il ne t'a point frappé.

Quelques indignités que ton honneur essuye,
Quelque soit ce soupçon, il faut que je l'appuye.

ARBACE.

Quelle trame odieuse ! . . . . . .

ARTABAN.

Au déclin de mes ans
La couronne à ce prix souilloit mes cheveux blancs ;
C'est sur ton jeune front qu'aujourd'hui je l'attache ;
Si je l'y vois briller, elle sera sans tache.
Voilà de quel espoir mon orgueil s'est flatté,
Et l'excuse, & le prix du coup que j'ai porté.
Eh ! qui rend à tes yeux cette trame si noire ?
Je n'ai frappé qu'un Roi déja mort à la gloire ;
Fantôme couronné dont le monde étoit las ;
Et qui même envers toi le plus grands des ingrats ;
Suivant pour toute loi ses superbes caprices,
Des rigueurs de l'exil a payé tes services ;
Désespéroit sa fille en pressant ton départ,
Dans ton cœur, dans le sien enfonçoit le poignard.
Moi-même, en apparence ennemi de ta flâme,
J'affligeai ta maîtresse, & j'accablai ton ame.
Tout change désormais, & tes vœux sont remplis ;

Je te vange du pere , & je trompe le fils ;
Je fers & ton amour & fans doute ta haine ;
Je te fais Souverain , je couronne Emirene ;
Je prends de mon projet tout le crime fur moi ,
Ofe me reprocher ce que je fais pour toi.

ARBACE.

Oui , je l'ofe ; & ce coup manquoit à ma difgrace.
Vous êtes criminel , & c'étoit pour Arbace !
Ah ! fçachez de quel œil je vois votre attentat ;
Ma gloire eft d'en gémir , ma vertu d'être ingrat ;
Mais après tant d'excès fi la vôtre eft éteinte ,
Pour être fans remords , êtes-vous donc fans crainte ?
Ou comment votre cœur , libre loin du repos ,
Peut-il encor courir à des forfaits nouveaux ?
Arrêtez-vous , tremblez d'avancer dans le crime ;
Peut-être un pas de plus , vous tombez dans l'abîme.
Cruel ! fous le bucher dreffé pour mon trépas ,
Sous ma cendre du moins cachez vos attentats.

ARTABAN.

Il n'eft plus tems , crois-moi ; ce que j'ai fait m'engage :
Ne crains rien : je puis tout ; jouis de mon ouvrage.
C'eft tout ce que je veux , mon efpoir eft comblé.

ARBACE.

Jufqu'où l'ambition vous a-t-elle aveuglé ?
Grands Dieux ! eh ! quel efpoir fur Arbace vous refte ?
Hé ! quand j'accepterois un fceptre fi funefte,
Les Perfes indignés recevront-ils la loi
D'un mortel qu'ils croiront teint du fang de leur Roi ?

ARTABAN.

Hé ! ne fuffit-il pas que ma main te couronne ?
Qui t'ofera juger une fois fur le trône ?
Je t'applanirai tout, rien ne doit t'arrêter ;
L'art de s'ouvrir le trône eft le droit d'y monter.
Sémiramis en paix regna dans l'Affyrie ;
Bannis un vain fcrupule, embraffe mon génie ;
Tu trembles de regner ! tremble, fi tu n'es roi,
Ce n'eft qu'avec ce rang qu'Emirene eft à toi.

ARBACE.

Emirene ! ah ! penfée accablante & cruelle ?
Ah ! Xercès n'avoit fait que m'exiler loin d'elle ;
Vous plus tyran que lui, vous mon accufateur,
Vous m'avez tout ôté, fon eftime & fon cœur.
Oui, j'adore, Seigneur, j'idolâtre Emirene :

C 3

Mais fallût-il la perdre & m'attirer sa haine,

Votre courroux, jamais, quelqu'en soit le malheur,

Vous ne verrez le crime approcher de mon cœur.

N'attendez pas qu'Arbace à ce point s'avilisse;

Je suis votre victime, & non votre complice;

Je pleure sur vos soins, j'abjure vos bienfaits;

Je déteste le trône acquis par des forfaits,

Je préfère la mort & honteuse & cruelle,

Je me sauve en ses bras de l'amour paternelle,

L'honneur étoit un bien dont j'eusse été jaloux,

Mais qu'on pouvoit m'ôter, qui ne tient point à nous;

Ma vertu n'est qu'à moi; si dans ce jour funeste

J'en perds la renommée, elle-même me reste.

A R T A B A N.

Hé bien! puisque ton cœur se refuse à mes vœux,

J'accomplirai pour moi ce dessein dangereux.

Si mon ambition étoit illégitime,

L'esprit qui m'animoit annoblissoit mon crime.

Ce n'est point mon projet, c'est ton refus, cruel,

Oui, c'est ton seul refus qui me rend criminel,

Qui de mes attentats rend mon ame confuse;

Tu m'en ôtes le fruit, pour m'en ôter l'excuse;

Et loin de concourir à me justifier,
Tu veux de mon forfait m'accabler tout entier.
Hé bien, péris ingrat, péris ; je t'abandonne ;
Monte sur le bûcher, quand je t'offre le trône,
Préfere à mes bontés le sort le plus affreux ;
Je puis voir d'un œil sec ..... Écoute, malheureux :
Malgré toi, malgré moi je sens que je suis pere :
Viens, suis mes pas.

ARBACE.

Comment ?

ARTABAN.

                     C'est ma seule priere

Je puis tromper ta garde, & sçais près de ces lieux
Une secrette issue inconnue à leurs yeux ;
Viens ; & ne prenant plus que ma pitié pour guide,
Sauve toi du supplice, & moi d'un parricide.

ARBACE.

Moi fuir ! moi de ces lieux en coupable sortir !
J'ai fait un désaveu, j'irois le démentir ;
Jusques-là renoncer à ma propre défense,
Par un nouvel indice appuyer l'apparence !

Moi fuir loin de ces lieux que vous enfanglantez ;
Pour ouvrir un champ libre à d'autres cruautés,
Souffrir que sous mon nom courant de crime en crime,
Vous alliez prendre encor mon ami pour victime !
Non, je reste en ces lieux, vos fureurs contre un roi,
Ne pourroient rien ofer, qu'il ne punît sur moi ;
Par là je vous arrête ; ou si c'est peu, barbare,
Je fais tout pour parer le coup qu'on lui prépare ;
Oui, sans vous accufer, me faisant son appui,
Il n'est rien que ma foi n'entreprenne pour lui,
Rien que ne tente ici ma tendreffe & ma crainte.
Si le fang a fes droits, l'amitié non moins fainte,
La justice a les fiens ; je remplirai leurs loix.

ARTABAN.

Malheureux ! peux-tu bien résister à ma voix ?
Peux-tu dans ces momens combattre ma tendreffe ?

ARBACE.

Ah ! trop tard à mon fort votre cœur s'intéreffe.
Cruel ! étoit-ce ainfi qu'il falloit me chérir ?

ARTABAN.

Tu résistes envain, envain tu veux périr.
Suis moi, te dis-je, ingrat, ou je vais t'y contraindre.

ARBACE.

Arrêtez. C'est à vous peut-être de me craindre.

ARTABAN.

Tu m'oses menacer !..... Obéis, suis mes pas.

ARBACE.

Soldats, approchez vous.

(Les Gardes avancent.)

ARTABAN.

O dépit ! ...... tu mourras.

ARBACE.

Adieu, barbare ! ..... allons, Gardes qu'on me remene.

ARTABAN.

Ma fureur est au comble, & j'en suis maître à peine.

Fin du second Acte.

ACTE III.

SCENE PREMIÈRE.

EMIRENE, ELISE.

EMIRENE.

CIEL ! où suis-je ? au sortir d'un sommeil de douleurs,
Mes yeux se sont rouverts, mais sur quelles horreurs !
Que vois-je autour de moi dans ce séjour funeste ?
De mon pere égorgé le déplorable reste,
Arbace dans les fers & cru son assassin,
Conçois-tu ces hazards & ces coups du destin !
Cette épée en sa main trouvée encor sanglante ?

ELISE.

Madame, ces horreurs me glacent d'épouvante,
Je doute d'un forfait qu'il persiste à nier ;
Cependant il hésite à se justifier ;
Ne redoutez-vous point un effrayant indice ? . . . .

EMIRENE.

Je douterois d'Arbace ! ah ! le ciel me punisse ! ....
Ne vois point dans les soins dont j'ose m'occuper
L'effet d'un sentiment qui pouroit me tromper.
Je l'estime il suffit , il faut que l'erreur cesse ,
Il faut que malgré lui la vérité paroisse ,
Crois qu'un premier indice est un mauvais témoin ,
Qui veut la vérité , doit la chercher plus loin ;
On noircit aisément une vertu commune ,
La sienne est au-dessus des jeux de la fortune ;
Viendra-t-il ?

ELISE.

Par le Roi l'ordre est déja donné ;
Devant vous dans ces lieux il doit être amené ;
Mais , Madame, pour vous que je crains sa présence ,
S'il s'obstine avec vous dans un fatal silence !

EMIRENE.

Ah ! ne m'accable point. J'ai dans ce grand danger ,
Et la cendre d'un pere & moi-même à venger.
Ce soin sacré pour moi demande que j'embrasse
La défense des jours & de l'honneur d'Arbace.

SCENE II.

ARBACE, *enchaîné*, EMIRENE.

ARBACE.

Madame! au défefpoir je fuis abandonné :
Raffurez-moi d'un mot : m'avez-vous foupçonné ?

EMIRENE.

Je demande à te voir , je foutiens ta préfence ;
C'eft te montrer un cœur fûr de ton innocence.

ARBACE.

Je fuis moins malheureux ; vous calmez mon effroi.

EMIRENE.

Oui, l'apparence envain dépofe contre toi ;
Je fçais qu'il eft des cœurs trop étrangers au crime ,
Pour perdre un feul moment leur place en notre eftime.

ARBACE.

Ah ! j'attefte les Dieux . . . .

EMIRENE.

Laiffe-là le ferment,
Dans ce moment affreux répons moi feulement.
On t'accufe à mes yeux du meurtre de mon pere.
Pourquoi dans tes difcours ce trouble, ce myftere ?
Vertueux, innocent à tes yeux comme aux miens,
Tu parois devant moi fous d'infâmes liens :
Au rang des fcélérats veux-tu que l'on te compte ?
Que prétends-tu ? quel terme as-tu mis à ta honte ?
Répons.

ARBACE.

Tel eft mon fort, telle eft l'étrange loi,
Que le ciel me prefcrit & n'impofa qu'à moi,
De ne pouvoir d'un mot prouver mon innocence ;
D'être exempt de remords & privé de défenfe ;
De chérir mon honneur, & de l'abandonner ;
De mourir du filence, & de m'y condamner.

EMIRENE.

Toi, mourir !

ARBACE.

Ah ! Madame, à ces pleurs d'une amante
Tout horrible qu'il eft mon défefpoir s'augmente,
Il m'eft affreux d'avoir troublé votre repos,

Quittez cet intérêt qui vous lie à mes maux,

Laiffez à fes malheurs un cœur irréprochable

Forcé par fon deftin à paroître coupable,

Qui craint tout, qui perd tout, qui de tous les côtés;

Sans relâche frappé par les Dieux irrités,

Sans confolation comme fans efpérance,

Ne peut plus rien goûter. . . . pas même l'innocence;

Mais qui malgré le fort de fa vertu jaloux,

Sous le fer des bourreaux mourra digne de vous.

EMIRENE.

Non, tu ne mourras point; non, ton ame inhumaine

Ne peut vouloir ma mort qui va fuivre la tienne.

Au mépris de nos nœuds, tu cours à ton trépas.

Tu meurs chargé d'un crime, & tu ne fonges pas

Qu'ici ma renommée à la tienne eft unie,

Que c'eft m'environner de ton ignominie.

On dira qu'Emirene a fon pere à venger,

Et que c'eft fon bourreau qu'elle ofe protéger.

Je ne te quitte point, cruel, que je n'arrache

De ton cœur endurci le fecret qu'il me cache.

Me peux-tu refufer ? ou peux-tu m'envier

Ce bien fi doux pour moi de te juftifier ?

Veux-tu m'ôter enfin, t'obftinant au myftere,

L'espoir de te sauver, & de venger mon pere ?
Tu détournes les yeux : tu crains de t'attendrir :
Ah ! céde à mes douleurs, ose tout découvrir.
Vois mon horrible état, vois tes périls extrêmes :
Ingrat ! as tu pour moi des secrets, si tu m'aimes ?

A R B A C E.

Cessez, cessez, Madame, épargnez à tous deux.... :
Je ne puis résister, ni céder à vos vœux.
Ne me présentez plus, trop sensible à ma peine,
Une félicité trop amere & trop vaine ;
Et ne surchargez point des regrets de l'amour,
Un cœur par tant de maux déchiré tour-à-tour.

E M I R E N E.

C'en est assez barbare ; & ta priere altiere,
Dans mon cœur incertain porte enfin la lumiere ;
Malgré toi-même enfin j'ai pénétré ton cœur.
Cet intérêt caché qui résiste à l'honneur,
Qui résiste à l'amour, ce secret qui te touche,
Qui prêt à s'échapper s'arrêtoit sur ta bouche,
Éclate par le soin qui le tient renfermé.
Par ton silence même un perfide est nommé.
Le coupable est ton pere.

ARBACE.

O ciel ! qu'ofez-vous dire ?

EMIRENE.

Va , ta furprife eft feinte , & ne peut me féduire.
Lui feul de tant d'horreurs , lui feul eft l'artifan.

ARBACE.

Lui , coupable !

EMIRENE.

En fecret je l'ai vu ton tyran ;
Le mien ; & ce n'eft pas d'aujourd'hui qu'il m'opprime ;
Il preffa ton exil , il te prend pour victime ,
Toi , fon fils ! fon aveugle & barbare tranfport
Sema dans le Palais la difcorde & la mort.
La rigueur qu'il affecte & ton fang qu'il prodigue ;
Non moins que ton filence expliquent cette intrigue.
Je cours de ce pas même....

ARBACE.

Ah ! Madame , arrêtez.
Vous ne connoiffez pas..... quelles extrêmités !

EMIRENE,

A mes foupçons encor ta frayeur même ajoute.

ARBACE,

ARBAÇE.

Je frémis des erreurs que votre esprit écoute.

EMIRENE.

La nature t'arrête, & je vois ton respect.

ARBACE.

La haine vous égare & vous le rend suspect.

EMIRENE.

Il voulut ma ruine en ordonnant la tienne.

ARBACE.

Non, ce n'est qu'à regret qu'il aura fait la mienne.

EMIRENE.

Non, sa fureur le trompe & je le previendrai,
Ce pere qui te hait, ce cœur dénaturé,
J'en jure ici ma haine & le pouvoir céleste.

ARBACE.

Et par ce même ciel, que devant vous j'atteste,
Je jure que sensible aux horreurs de mon sort,
Mon pere étoit bien loin de demander ma mort:

D

Il n'est votre ennemi , ni le mien : c'est moi-même ;
Oui , c'est moi qui le force à sa rigueur extrême.
Ce jour de sang , ce jour marqué par la fureur ,
Ainsi que pour le crime étoit fait pour l'erreur.

EMIRENE.

O mystere inoui ! langage inconcevable !
Tu veux donc me forcer à te croire coupable ?
Mais non , tu ne l'es point. Loin d'être combattu ,
Mon cœur plus que jamais compte sur ta vertu.
Dans ce même moment , Emirene compare ,
Ingrat , ton caractere & celui d'un barbare ,
Ta franchise , ton ame ouverte à tous les yeux ;
Et l'esprit d'Artaban sombre , artificieux.
Ne te flatte donc plus que ton ame oppressée
Puisse donner le change à ma triste pensée ;
Ne crois pas que mon cœur éclairé par l'amour
Prenne de tels soupçons & les quitte en un jour.
Quelle que soit enfin la cause politique
Du piége où t'a conduit un destin tyrannique ;
Demande à voir ton pere , & songe à le fléchir ;
De tes indignes fers qu'il sçache t'affranchir ,
Qu'il détrompe mon frere & tous ceux qu'il abuse ;

En un mot qu'il te sauve, ou c'est moi qui l'accuse.
Et si tu n'es pas cru vertueux sur ma foi,
Je mets du moins le crime entre un barbare & toi.

SCENE III.
ARBACE, *seul.*

En est-ce assez, destin ? on soupçonne mon pere !
A force de cacher son crime je l'éclaire.
Peut-être, l'avertir d'un soupçon si fatal,
De nouvelles fureurs c'est donner le signal :
Ne le point avertir, c'est le livrer moi-même.
Dieux ! comment le servir, & le Prince que j'aime ?
Les sauver l'un de l'autre ? Eh ! quel courage humain
Sous tant d'assauts divers ne tombe pas enfin ?
Résister à l'amour, quelle affreuse contrainte !
Ne sçavoir où fixer mon devoir ni ma crainte ;
Sentir à tout moment mes fers s'appesantir ;
Voir l'excès de ma honte, & trembler d'en sortir !...
Quel état ! ô tyrans d'une ame toujours pure,
Laissez-moi respirer, honneur, amour, nature,
Amitié, laissez-moi dans ce flux & reflux
Recueillir un moment mes vœux irrésolus.

SCENE IV.

ARTAXERCE, ARTABAN, ARBACE.

ARTAXERCE.

Pour la derniere fois je parois à ta vue,
J'ai laiſſé trop long tems ta peine ſuſpendue;
Pour te juſtifier tu n'as plus qu'un moment;
Parle, ou de ton forfait ſubis le châtiment,
Songe bien qu'il n'eſt plus qu'une promte défenſe
Qui puiſſe te ſouſtraire à ma juſte vengeance.

ARBACE.

Non, vous ne ſçavez pas qui vous interrogez,
Qui vous bleſſez, Seigneur, & qui vous outragez;
Vous ne connoiſſez pas quelle terreur me glace,
Ce que ſouffre pour vous le malheureux Arbace,
Pour vous qui l'accuſez, qui ſoupçonnez ſa foi.
Quelqu'indice inoui qui parle contre moi,

Vous avez fait un crime en me croyant un traître,
Qu'un jour vous ne pourrez vous pardonner peut-être,
La vie est pour Arbace un trop pesant fardeau,
Frappez, mais demandez aux Dieux que le bandeau
Dont vos yeux sont couverts, à jamais y demeure;
Souhaitez qu'avec moi cette vérité meure:
Confus, désespéré de m'avoir outragé,
Par votre repentir je serois trop vengé.

ARTAXERCE.

Hé bien! explique-toi, montre ton innocence;
Ne parois plus coupable en gardant le silence,
Et sans dissimuler, sans parler à demi,
Rens-toi l'honneur, Arbace, & rens-moi mon ami;
Tu restes interdit, tu n'oses me répondre,
Et ta fausse vertu ne sert qu'à te confondre;
Et je pourrois douter encor de ta fureur!
Lorsque par ton silence.....

ARBACE.

             Ah! Prince, à votre sœur
Je n'en ai pas dit plus, & dans mon sort funeste,
Dans ce grand deshonneur, son estime me reste.

                          D 3

ARTAXERCE.

Son eftime ! ah ! plutôt dis fa prévention.

ARTABAN, *à Arbace.*

Quel efpoir fondes-tu fur cette illufion ?

ARBACE, *très-lentemens.*

Craignez de l'offenfer, refpectez fes allarmes,
Trop d'indignation fe mêloit à fes larmes,
Ce n'eft qu'avec l'excès du plus ardent courroux
Qu'elle a pû voir qu'un fils foit accufé par vous,

ARTABAN.

(à part.)　　　　　*(haut.)*
Qu'a-t'il dit ! Ainfi donc le même efprit t'anime ;
Tu veux.....

ARTAXERCE.

Eh ! connois-tu les fuites de ton crime ?
Sçais-tu bien dans quels maux tu viens de m'engager ,
Cruel ; fçais-tu fur qui , trop prompt à me venger ,
Déja ma défiance a porté ma colere ?
Ici, plutôt que toi, j'ai foupçonné mon frere.
Darius a péri.

ARBACE.

Darius !

ARTAXERCE.

Tu pâlis !

ARBACE.

O Dieux ! de quel effroi tous mes sens sont remplis ;
Qui l'accusa ?

ARTABAN.

Moi-même.

ARBACE.

Ah ciel !

ARTABAN.

Son sort t'étonne :

Je n'ai rien respecté pour assurer le trône......
Plus ennemi que lui , tu persistes , cruel !
Je ne te connois plus : ton refus criminel....

ARBACE, à *Artaban*.

(à part.)
Barbare ! ah ! si je suis à vos yeux si coupable ;
Rougissez donc d'un fils de tant d'horreurs capable.

D 4

Odieux déformais à la Perfe par moi,

Comment dans cet état approchez-vous du Roi ?

Reftez-vous dans un rang d'où ma honte vous chaffe ?

Couvert de mon opprobre, eft-ce ici votre place ?

ARTABAN.

J'y refte encore, ingrat ; peut-être je le doi

Pour être le premier à me venger de toi.

(à Artaxerce)

Non, Seigneur, il n'a plus qu'un juge dans fon pere.

.ARTAXERCE.

Et mon pere immolé par ta main meurtriere,

Ne criant que ta mort dans le fond de mon cœur,

Déja de ma vengeance accufe la lenteur.

Il eft tems que ton fang fatisfaffe à fes manes,

Et plus que moi, cruel, c'eft toi qui te condamnes,

Qu'on l'ôte de mes yeux.

ARBACE.

Meprifez mes tourmens,

Prince, condamnez moi, voyez-moi comme un traitre,

Un facrilege, un monftre, . . . à vos yeux je dois l'être . . .

Mais que mon fang verfé ne vous raffure pas,

Seigneur ; changez la garde ; & craignez mon trépas.

SCENE V.

ARTAXERCE, ARTABAN.

ARTAXERCE.

Que dit-il, & pour moi quel intérêt l'anime !
Quel soin ?

ARTABAN.

(à part.)

Parons ce coup. Seigneur, quoiqu'il supprime ;
De son faux désaveu le perfide sorti,
Vient de montrer enfin qu'il connoît un parti
Puissant, nombreux, formé depuis longtems sans doute ;
Puisqu'il est des dangers que pour vous on redoute,
Puisque même à vos yeux son chef déja frappé,
En tombant sous le fer ne l'a point dissipé.
Arbace étoit dans Suze.... il a vu la Princesse. ...
Elle est la seule ici qui pour lui s'intéresse.....
Vous la voyez, Seigneur, le défendre à vos yeux.
Vous la voyez pleurer un Prince factieux.....
Pardonnez ; mais pour vous Arbace paroît craindre....

Seroit-ce le remords d'un cœur laſſé de feindre ? . . . .
Eût-il pris le poignard de la main de l'amour ? . . . .

A R T A X E R C E.

Arrêtez , Artaban : eh ! quel horrible jour
Croyez-vous donc porter dans mon ame éperdue ?
Non , de ce jour affreux n'éclairez point ma vue ;
Sur les miens déſormais ceſſez de m'allarmer ;
Dois-je prendre en horreur tout ce qu'il faut aimer ?
Je ſuis bien malheureux ! non laiſſez-moi, vous dis-je ;
Je ne croirai jamais à cet affreux prodige ,
Que tout conſpire ici pour me percer le flanc ,
Et que le même crime ait gagné tout mon ſang.
Allez , dans ce moment que le conſeil s'aſſemble ,
Qu'Arbace ſoit jugé , que le perfide tremble ;
Plus il ſurprit mon cœur par un faux ſentiment ;
Plus je dois aujourd'hui marquer ſon châtiment.

SCENE VI.

ARTABAN, MEGABISE.

MÉGABISE.

O CIEL! qu'ai-je entendu! Seigneur, qu'allez-vous faire?
Ce moment dangereux permet-il qu'on diffère?
On va juger Arbace, êtes-vous sans effroi?
L'abandonnerez-vous à son destin?

ARTABAN.

Suis moi;

Fin du troisieme Acte.

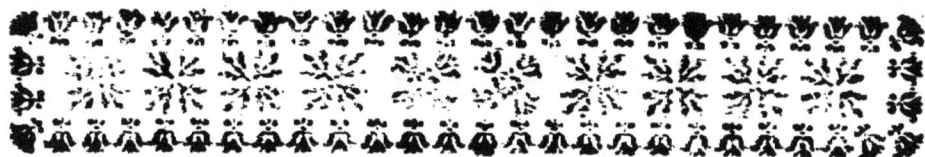

ACTE IV.

SCENE PREMIERE.

ARTAXERCE, ARTABAN.

ARTABAN.

INFLEXIBLE ennemi des crimes de ma race,
Au rang des Juges même oui, Seigneur, j'ai pris place;
C'étoit trop peu pour moi que de l'abandonner,
A la mort le premier j'ai du le condamner,
Je devois à l'Etat un si grand sacrifice,
C'en est fait, & mon fils va marcher au supplice.

ARTAXERCE.

Ainsi donc son silence est un crime de plus....:
Que de freins à la fois il faut qu'il ait rompus!

A R T A B A N.

C'eſt ſon crime, Seigneur, non ſa mort qui m'accable.
Comment prévoir qu'un jour il devint ſi coupable,
Et qu'un bras qui pour vous s'eſt armé tant de fois,
Souilleroit juſques là l'honneur de ſes exploits?
De l'Etat en ces lieux les chefs prêts à paroître
Vont fléchir le genou devant leur nouveau maître ;
Il ne m'appartient pas dans mon ſort malheureux,
De joindre devant vous mon hommage à leurs vœux.
J'ai ſigné de mon fils la ſentence mortelle,
C'eſt-là qu'en traits de ſang ma foi ſe renouvelle.
Je n'ai plus qu'à quitter ces funeſtes remparts,
Où je vois mon opprobre écrit de toutes parts ,
Je cours enſevelir mon horrible diſgrace ,
Et plût aux Dieux encor la honte de ma race.

_____

SCENE II.

ARTAXERCE.

Je me sens déchirer. Une indigne pitié

Vient saisir malgré moi mon esprit effrayé.

O jour affreux ! il faut que le traître périsse

Dans l'opprobre, grands Dieux ! dans le dernier supplice,

Ah ! si dans les excès de sa témérité,

Il avoit à mes jours seulement attenté,

J'aurois laissé briser des mains de la clémence

Le glaive dont les loix ont armé ma puissance.

O de mon cœur trahi sentimens superflus !

Charme qui m'abusiez, qu'êtes-vous devenus ?

Quand sujets tous les deux & sous des loix communes,

Un sort moins inégal rapprochoit nos fortunes,

Sur quelle foi trompeuse hélas ! trop endormi,

J'avois cru pour le trône acquérir un ami !

Au lieu de ce trésor, je ne vois plus qu'un traître.

Il sembloit cependant n'être point fait pour l'être ;

Fatalité bisare ! affreux destin des Rois!

Tout se corrompt-il donc auprès d'eux par leur choix ?

Lui que j'ai vu fidele autant que magnanime ;
Un cœur change à ce point ! un moment mene au crime !
A qui donc se livrer ? où placer l'amitié ?
Et toi vertu d'un jour, à qui je me fiai,
Tu m'as trompé ; j'ai cru qu'un pas dans ta carriere
Devoit être un attrait pour la remplir entiere.

SCENE III.

ARTAXERCE, EMIRENE, ELISE.

EMIRENE.

Arbace !.... qu'ai-je appris ? Arbace est condamné ;
Au supplice, à l'opprobre Arbace abandonné !

ARTAXERCE.

Je ne suis plus son Roi que pour être son juge.

EMIRENE.

Je le crois innocent, & je suis son refuge ;
Contre vous, contre tous, je viens le secourir,
C'est un crime pour moi de le laisser périr.

Son danger m'affranchit d'une vaine referve ,
Et l'honneur , l'équité , tout veut que je le ferve.

ARTAXERCE.

Eh ! de fon crime encor vous doutez aujourd'hui ?

EMIRENE.

Son crime ! eft-il prouvé ?

ARTAXERCE.

                Quoi ! lorfque contre lui
Vous voyez qu'à la fois tout dépofe & l'accufe ;
Ce féjour ignoré qu'il prolongea dans Sufe ,
Ce filence obftiné , ce défaveu menteur
Du crime dont il eft le complice, ou l'auteur ;
Lorfque le fer fanglant....... écoutez, Emirene ;
Une aveugle pitié trop longtems vous entraîne.
Eft-ce ainfi qu'oubliant la plus augufte loi ,
Vous outragez la cendre & d'un pere & d'un Roi ;
Vous ofez. . . . . . .

EMIRENE.

           Arrêtez, n'infultez pas vous-même
Aux pleurs, au défefpoir d'une fœur qui vous aime.

                       ARTAXERCE.

ARTAXERCE.

Cessez donc de douter encor de ses forfaits ;
Soyez ma sœur, soyez la fille de Xercès.

EMIRENE.

Xercès périt, Seigneur, il attend la vengeance ;
C'est là mon premier soin, c'est ma triste espérance ;
Et qu'un long châtiment soit préparé pour moi,
Si, m'osant écarter de la plus sainte loi,
A mon coupable amant lâchement asservie,
Je lui vendois le sang qui m'a donné la vie.
Mais ce sang, où sans crainte on osa se plonger ;
Si l'innocent périt, reste encor à venger.
Plus l'apparence ici déposant contre Arbace ;
Des soupçons à lui seul semble arrêter la trace ;
Plus dans son désaveu ce mortel affermi,
Exige d'examen dans le cœur d'un ami.
Qui, lui, Seigneur ! qu'après tant de preuves de zèle ;
Tant d'horreur ait souil. cette ame si fidèle !
Il eut pû, par le crime, élever aujourd'hui
Cette affreuse barriére entre Emirene & lui !
Non ; du crime jamais il n'eut conçu l'idée ;

E

Les armes à la main il m'auroit demandée ;

Il eut, pouffant l'audace au plus terrible éclat,

Soulevé tout ce peuple & renverfé l'Etat ;

Son amour, fon dépit, fa fierté naturelle,

Son audace emportée en eut fait un rebelle ;

Jamais un lâche.

ARTAXERCE.

Envain vous lui fervez d'appui ;

Mon pere n'eut jamais d'autre ennemi que lui.

Dans votre aveuglement vous feule pouvez croire....

EMIRENE.

Tout, avant de penfer qu'il ait fouillé fa gloire,

Par les mêmes foupçons indignement flétri,

Par votre ordre déja votre frere a péri.

Je veux croire avec vous que fa haine inquiette

Préparoit contre vous quelque trame fecrette,

Que pour troubler l'Etat peut-être il eut vêcu :

Mais enfin de fon crime eft-il mort convaincu ?

Lui fur qui la loi feule avoit un droit fuprême,

Après l'oubli des loix, rédoutez les loix même....

Le crime à leur regard fouvent s'eft dérobé,

'innocent méconnu fous leur glaive eſt tombé.

ous condamnez Arbace ! ah ! craignez l'injuſtice ;

edoutez le faux jour d'un dangereux indice.

'une haute vertu quand l'éclat folemnel

consacré le nom & les mœurs d'un mortel ;

e ſa feule vertu l'autorité ſuprême

uffit pour balancer l'évidence elle-même.

u tems , Juge infaillible , attendez le flambeau!

'un frere & d'un ami tour-à-tour le bourreau,

ans venger votre pere, irez-vous par des crimes ;

ur ſa cendre trompée entaſſer les victimes ;

t verſer au hazard , précipitant vos coups,

n fang qui vous fût cher , & qui coula pour vous ?

ARTAXERCE.

ans un crime d'Etat, c'en eſt un de ſe taire ;

e n'en pas tout entier révéler le myſtère ;

es indices ainſi le fecours rejetté

uroit plus d'une fois produit l'impunité.

es preuves contre lui font affez authentiques :

'e me parlez donc plus de hazards chimériques ;

'une innocence ou fauſſe , ou qu'il veut nous cacher ;

ſe taît , il mourra. Qu'ai-je à me reprocher ?

E 2

J'ai moi-même aujourd'hui combattant l'évidence ;

Dans le fond de son cœur cherché son innocence ,

J'ai permis , espérant de le revoir absous ,

Qu'il fut interrogé par son pere & par vous ;

D'un complot ténébreux qu'il dévoile la trame ;

Qu'il s'explique , qu'il parle : ou vous-même , Madame ;

Trouvez d'autres moyens de le justifier.

EMIRENE.

Il n'en est qu'un , Seigneur ; c'est de vous défier.. ...

ARTAXERCE.

Et de qui ?

EMIRENE.

d'Artaban.

¡ARTAXERCE;

         Quelle erreur vous égare ?

Comment ? d'où savez-vous !

EMIRENE.

         Je crains tout du barbare ;

Avant de le nommer j'ai longtems combattu,

De son malheureux fils j'afflige la vertu ,

L'ingrat va repouſſer, pour courir au ſupplice,
La main que je lui tends au bord du précipice,
Mais il y va tomber, mais tout eſt contre lui,
Lui-même il s'abandonne, il n'a que moi d'appui,
Sauvons le malgré lui des coups de l'impoſture,
S'il peut ſacrifier l'honneur à la nature,
Si ſans voir que du crime il ſe fait le ſoutien,
Il ſe taît par devoir, le ſauver eſt le mien.
Vous voyez la douleur & l'effroi qui me glace,
Un ſi funeſte avis ne me rend point Arbace,
Je le perdrai de même, ah ! du moins qu'aujourd'hui !
Emirene le ſauve en renonçant à lui.

ARTAXERCE.

Vous craignez ? vous voulez qu'une crainte ſi vaine,
Qu'un ſoupçon ſeulement fondé ſur votre haine,
Balance dans mon cœur d'invincibles raiſons,
Qui ſur le traître Arbace attachent mes ſoupçons ;
Vous voulez, qu'oubliant quarante ans de ſervices,
Sur de vagues terreurs, ſans preuves, ſans indices....

SCENE IV.

ARTABAN, ARTAXERCE, EMIRENE, ELISE.

ARTABAN.

Seigneur, dans le moment je viens d'être averti
Que bientôt le Palais devoit être investi.
De Darius, dit-on, les complices perfides ;
Craignant d'être punis & de vengeance avides ;
Sans doute soulevoient les esprits contre vous ;
Et mon zèle aura même excité leur courroux.
Depuis que j'ai signé la sentence d'Arbace
Ils avancent l'instant que marqua leur audace :
Mais j'ai dans le moment fait de cet attentat
Avertir votre garde & les chefs de l'Etat.
Vous ne craindrez plus rien d'une telle entreprise ;
Et l'art des conjurés n'est que dans la surprise.

ARTAXERCE.

Eh bien ! ma sœur.

ARTABAN.

Seigneur, le trône vous attend,
Il le faut affermir, & c'eſt en y montant.
Les ſermens prononcés, l'alliance ſacrée
Du peuple avec ſon Roi ſur les autels jurée,
Tout rappelle au devoir les eſprits révoltés,
Tout ſervira de frein à leurs témérités.

ARTAXERCE.

Grands Dieux ! ah ! ſi les Rois ſont vos vives images,
Deviez-vous ſur leur tête aſſembler tant d'orages ?
Allons, voyons quels coups il nous faut prévenir.
Ciel ! être à peine au trône, & n'avoir qu'à punir !

SCENE V.

EMIRENE, ELISE.

EMIRENE.

O Dieux ! avec quel art le traître diſſimule !
Que la fourbe eſt habile, & l'amitié crédule !
Par quel coup politique & par quel aſcendant
Il trompe un jeune roi forcé d'être imprudent !

E 4

Peut-être j'aurois dû.... mais qu'aurois-je pu dire,
Que le traître déja n'eut eu l'art de détruire ?
Quoi ! de notre entretien tout le fruit est perdu,
Je vois en un moment mon espoir confondu.

ELISE.

Quoi ! son zèle n'a point dans votre ame surprise
Ebranlé les soupçons.....

EMIRENE.

Il les confirme, Elise.
Plus son zèle pour nous cherche à se signaler,
Et plus ce zele est faux, plus il me fait trembler,
Il n'a que trop de droits d'imposer à mon frere:
Mais il ne peut tromper mon regard plus severe,
C'est un monstre : courons, employons ce moment
A tenter les moyens de sauver mon amant.
Toi qui connois Arbace, ô ciel, prends sa défense;
Je croirois t'offenser d'implorer ta clémence,
J'invoque ta justice, éclate, qu'attens tu
Pour frapper le coupable & sauver la vertu ?

Fin du quatriéme Acte.

ACTE V.

SCENE PREMIÈRE.

ARTABAN, *seul.*

ENFIN à mes desseins voici l'instant propice ;
Je vois le sort d'un fils sous un plus doux auspice,
J'ai dû l'épouvanter n'ayant pû l'attendrir,
Je ne le verrai plus s'obstiner à périr.
J'ai craint, je l'avouerai, l'entretien d'Emirene ;
Les regards de l'amour, les soupçons de la haine,
J'ai tremblé que le frere allarmé par la sœur,
De quelque vérité n'entrevit la lueur ;
Mais en le prevenant par une heureuse adresse
Des coups qu'à son insçu je prépare & je presse,
Vers sa perte à ce trône il s'avance égaré,
Et le piége l'attend sur le premier dégré.
Infaillible ressource, & nouveau stratagême,
J'aurai sû le tromper par la vérité même.

SCENE II.

ARTABAN, MEGABISE.

ARTABAN.

J'ai délivré mon fils , il est en sûreté ;
Et nous pouvons enfin agir en liberté.

MÉGABISE.

Quel prestige à ses yeux a donc pu vous absoudre ?
A sortir de ses fers qui l'a donc pu résoudre,
Lui, Seigneur , qui tantôt ....

ARTABAN.

              Ce n'est pas sans effort ;
Envain je lui montrois les horreurs de son sort,
L'appareil de la mort préparé dans la place,
Un infâme bucher élévé pour Arbace,
Rien n'ébranloit son cœur , il étoit sans effroi ;
Le moment de sa mort n'approchoit que pour moi ;
Et de tous mes desseins détestant l'artifice,
L'ingrat à mes bontés préféroit le supplice ;

Il m'échappoit enfin & couroit au trépas
La fureur me saisit & j'arrête ses pas :
Obéis, ai-je dit, ou crains pour ton amante,
Soudain il n'a plus vû qu'Emirene expirante :
A cette affreuse image il a pâli, tremblé,
Les périls d'Emirene enfin l'ont ébranlé,
Et j'ai sû le forcer par sa frayeur extrême,
A sortir de ses fers, pour sauver ce qu'il aime.
Mais les Grands à l'Autel vont joindre ici le Roi.
Dis moi, cher Mégabise, as-tu rempli ma loi ?
As-tu versé la mort dans la coupe sacrée,
Pour le serment du trône en ces lieux préparée ?

MÉGABISE.

Oui, j'ai choisi l'instant, & loin de tous les yeux,
J'ai sçu prendre, Seigneur, ce soin mystérieux ;
Cependant d'Artaxerce écartez Emirene,
Je redoute toujours la douleur qui l'entraîne,
Si par elle aux soupçons peut-être ramené....

ARTABAN.

Je tiens à mon génie Artaxerce enchaîné,
Et sa crédulité bien moins que mon adresse

Sur ses propres périls aveugle sa jeunesse,

L'Autel, le trône est prêt, rien ne peut l'arrêter;

Dans de si courts instans qu'aurois-je à redouter!

Au succès de mes vœux quel revers pourroit nuire?

De ce moment, ami, seulement je respire,

Tout ce que j'ai souffert! dans quels maux aujourd'hui;

Dans quel péril mon fils me jettoit avec lui,

Le voir prêt à périr sans pouvoir le défendre,

Tantôt presser sa mort, & tantôt la suspendre,

Détester sa vertu, devant tout à sa foi,

Dans le fond de mon cœur l'admirer malgré moi;

Moi-même être jaloux de la paix consolante

Qui tenoit lieu de tout à son ame innocente,

Que j'ai senti de trouble, ami! mais ne crois pas

Qu'en mon ambition je recule d'un pas,

Plus j'ai tenté pour elle & plus elle redouble;

Ne prens point pour remords quelques momens de trouble;

Et de tous mes malheurs crois que le plus affreux,

Ce seroit de laisser mon crime infructueux:

Sors, rejoins mon parti, j'apperçois Artaxerce.

SCENE III.

ARTAXERCE, ARTABAN,
Les Satrapes, Gardes.

ARTAXERCE.

Demeurez, Artaban, vous, soutiens de la Perse,
Écoutez; si les Rois sont sujets à l'erreur
Leur équité du moins doit avoir en horreur
Ce préjugé honteux que ma justice efface,
De flétrir un mortel des crimes de sa race.
Dans ces momens de trouble & de soulevemens
Votre Roi s'est hâté d'exiger vos sermens.
Puisse mon regne ouvert sous de si noirs auspices;
Vous donner d'autres jours plus doux que ces prémices !
Je jure le premier sur la coupe des Rois,
Je jure d'être juste & d'obéir aux loix,
De me croire engagé par ma grandeur suprême
A rendre heureux ce peuple, à mériter qu'il m'aime;
Et que le Dieu du jour par ma voix attesté
A mes yeux pour jamais refuse la clarté,
Que la mort dans mon sein passe avec ce breuvage,
Si je dois violer le serment qui m'engage.

SCENE IV.

Les Acteurs précédens, EMIRENE,

EMIRENE.

Ouvrez-moi les chemins, qui l'auroit crû, Seigneur,
Arbace est hors des fers.

ARTAXERCE.

Que dites-vous, ma sœur?

EMIRENE.

Seigneur sa délivrance autant que vous m'étonne,
Les rebelles,....Arbace,.... & c'est-lui qu'on soupçonne?

ARTAXERCE.

Comment?

EMIRENE.

Ce même Arbace accusé devant vous;
L'objet infortuné de tout votre courroux,
Que dans ces lieux hors moi tout a pu méconnoître;
S'il eût voulu, Seigneur, il étoit roi peut-être,
Par lui tout est calmé.

ARTABAN, *à part.*

Qu'entens-je? quel revers!

ARTAXERCE.

Arbace!...... quelle main a donc brifé fes fers ?

EMIRENE.

J'ignore. Mais Seigneur , il en fortoit à peine ;
Il s'éleve à fa vue une émeute foudaine ,
Il voit les conjurés , & de quelques foldats
Qu'il défarme lui-même il fait fuivre fes pas.
Il s'élance , il s'écrie , ah ! calmez mes allarmes ,
Ceffez , qui que ce foit qui vous appelle aux armes ;
Qui de ce zèle affreux vous rempliffe pour moi
Quittez-le , ofez me fuivre aux pieds de votre Roi ;
Verfez pour une caufe illuftre & légitime
Un fang que vous alliez prodiguer pour le crime ;
Barbares , choififfez l'infamie ou l'honneur.
La honte de céder agite encor leur cœur ;
Il infifte , il obtient , il enchaîne l'audace ,
Les rebelles vaincus tombent aux pieds d'Arbace.

✳

SCENE VI.

ARTAXERCE, ARTABAN,
EMIRENE, LES GRANDS DE LA PERSE,
ARBACE.

ARBACE.

SEIGNEUR j'ai rempli mon devoir;
J'ai fiaifi ce moment qui fut en mon pouvoir,
De ramener l'audace à votre obéiffance.
Ce fuccès que le ciel dût à mon innocente;
Ce bien inefpéré que je goute en ce jour
Doit peut-être m'abfoudre aux yeux du votre Cour;
Mais fi ce prompt effet de la foi la plus pure,
Si mon zele trop vain n'a rien qui vous raffure;
Si plus fevere enfin comme fils, comme roi,
Tous vos foupçons encor font arrêtés fur moi;
Qu'on me rende mes fers, le malheureux Arbace
Eft abfous devant vous, on ne veut point de grace;

ARTAXERCE.

Je ne fçais où je fuis ! hé qui t'a délivré ?

ARBACE.

ARBACE.

Le sort , le même sort contre moi déclaré
N'exigez rien de plus.

ARTAXERCE.

O prodige ! ô mystere
Chaque mot me confond ; est-ce ainsi qu'il m'éclaire ?
Toi me défendre ! toi ! tu m'aurois pu servir ,
Est-ce innocence ? ô ciel ! n'est-ce qu'un repentir ?

ARBACE.

Le crime est trop horrible , & qui l'eut pu commettre ;
Entre vos mains , Seigneur , viendroit-il se remettre ?
Sûr qu'il n'est point de grace en un tel attentat ,
Que le moindre pardon revolteroit l'Etat ,
Le coupable aux forfaits devoue alors sa vie ;
Et pour mieux les cacher , souvent les multiplie.

ARTAXERCE.

Que dois-je soupçonner ! il échappe à ses fers ;
Il reprime lui seul des complots si pervers ,
Par un zele apparent si pour sauver sa gloire.....
Sa fureur.... à l'autel.... plus couverte.... plus noire..

F

Hé bien prens à témoin dans ce lieu redouté ;
Et de ton innocence & de la vérité
Le Dieu dont la puissance est dans Suze adorée ;
Viens, jure à cet autel sur la coupe sacrée.

ARBACE.

Ah ! je suis prêt, donnez.

ARTABAN.

Mon fils !

ARTAXERCE.

Artaban !

EMIRENE.

Ciel !

ARTAXERCE.

Pourquoi l'arrêtez-vous ?

EMIRENE.

O crime !

ARBACE, *à part.*

Sort cruel !

ARTAXERCE.

Quel eſt donc votre effroi ? parlez.

EMIRENE.

Tout vous éclaire;

Le ciel ouvre vos yeux. Redoutez tout, mon frere.
Trop long tems le perfide à ſurpris votre foi.
Artaban nous trahit.

ARTABAN.

Quoi, Madame ! . . . . .

EMIRENE, *à Artaban.*

Tais toi.

Va, je reconnois trop ta fourbe abominable,
Ton crime eſt averé : ſi tu n'es pas coupable,
Bois dans la coupe.

ARTABAN.

Hé bien !... oui, je l'empoiſonnai.

ARBACE.

Quel aveu !

ARTAXERCE.

Quoi, perfide !

F 2

ARTABAN.

Et te la deftinai,
J'ai tout fait pour Arbace, il n'eft point mon complice ;
Mon fils du fer fanglant craignit pour moi l'indice ,
Sa main me l'arracha.

ARTAXERCE.

Qu'on l'arrête.

ARTABAN.

Frémis ;
J'ai fçu gagner ta garde & tout n'eft pas foumis.
Amis , meure Artaxerce. *Il tire fon épée pour fignal.*

ARTAXERCE, *l'épée à la main.*

Ofez-vous bien , perfides ?

ARBACE, *fe jettant au devant du Roi.*

C'eft à travers mon fein que vos coups parricides....

EMIRENE.

Ah ! Dieux !

ARTABAN.

N'écoutez rien.

ARBACE, se jettant sur l'autel & prenant la coupe.

Frémissez , inhumain ;
Vous m'aimez , ce poison va passer dans mon sein.

ARTABAN.

Que fais-tu ?

ARBACE.

Jettez donc ces armes criminelles ;
Donnez du repentir cet exemple aux rebelles
Ou cette coupe. . . .

ARTABAN.

Ingrat ! Tu fais mon désespoir ;
Va rampe aux pieds du Trône , où tu pouvois t'asseoir ;
Esclave malheureux d'une vertu timide ,
Vis dans l'abaissement , chargé d'un parricide.

EMIRENE.

Hé bien ! vous le voyez , me trompois-je , Seigneur ?

ARBACE.

Ah ! mon pere ! à quel prix me rendez-vous l'honneur ? *

Arbace veut suivre son pere , Artaxerce le retient.

ARTAXERCE.

Dieu ! quel jour m'eſt rendu , que l'erreur eſt cruelle !
Moi qui te ſoupçonnois je dois tout à ton zele..
Viens partager ce rang d'où je tombois ſans toi ,
Et retrouve à jamais ton ami dans ton roi.

F I N.

A P P R O B A T I O N.

J'AI lu par ordre de Monſeigneur le Vice-Chancelier, *Artaxerce,* *Tragédie,* par *M. le Mierre*, & je crois qu'on peut en permettre l'impreſſion. A Paris ce 23 Mai 1768.

M A R I N.

De l'Imprimerie de Quillau, rue du Fouarre, à l'Annonciation.

THÉÂTRE
DE
SOCIÉTÉ.

Liberius, ſi
Dixero quid , ſi fortè jocoſius : hoc mihi juris ,
Cum veniâ dabis

Horat. Sat. ıv. Lib. ı.

L'ON trouve chez le même Libraire, les Ouvrages suivans, du même Auteur.

DUPUIS & DESRONAIS, Comédie en trois Actes, & en vers.

LA VEUVE, Comédie en un Acte, en prose.

LE ROSSIGNOL, Comédie en un Acte, & en Vaudevilles.

Et toutes les autres Piéces qui composent le Théâtre de Société.